いちごは赤い宝石

　華やかな赤いいちごが甘い香りをただよわせ、店頭を彩りよくにぎわしてくると、心まで明るくなってきます。今や一年中食べられるようになりましたが、いちごは代表的な春の果実です。昔から食べられていたことは「枕草子」に登場することからもわかり、世界三大美人のひとりといわれる小野小町も好んでいちごを食べていたと言い伝えられています。いつの時代でも美しい赤い色や形が愛されていたようです。昔のものは野いちごの類であり、今日のものは、明治時代にアメリカから輸入し栽培を始めたオランダいちごに源を発します。

　いちごにもっとも期待できる栄養素はビタミンC。まさに「ビタミンCの女王」といえるほどです。大きめのいちご7〜8粒位で約100ミリグラム。成人の一日の摂取推奨量は100ミリグラムなので、それだけでその日のビタミンCは十分確保できます。

　ビタミンCはコラーゲンの合成に不可欠なビタミンです。皮膚や骨の健康維持にも欠かせない成分で、強い抗酸化力で生活習慣病予防も期待できます。

　香気、甘味、酸味の三拍子がそろっていますが、甘味は主にブドウ糖と果糖。酸味はリンゴ酸とクエン酸で疲労をいちはやく回復させる働きがあります。鮮やかな赤い色はアントシアン系色素なのでジャムを作る時にレモン汁を加えるといっそう美しくなります。

　このように、いちごは見て良し、食べて良し、そして栄養価も良しの優れた果実で、用途も生食、デザートから料理まで幅広く楽しめます。

　「食育の大切さ」が注目される今日、ときには子どもさんと一緒に作りながら、作る楽しさ、喜びを伝えましょう。料理作りは美意識や応用力、感性を育て子どもたちに心の栄養をも与えてくれます。「いちご大好き！幸せレシピ」がそんなお役に立てたら幸甚です。

料理研究家
徳永睦子

いちごの由来		P 4
体を健康にし、肌をきれいにするいちごの栄養成分		P 4
おいしくて新鮮ないちごの選び方		P 5
いちごの上手な扱い方と保存法		P 5
いちごのおもな品種と特徴		P 6
いちごの旬		P 6

Part 1

いちごがいっぱい 手作りお菓子

・いちごのプチフルール	P 8～9
・いちごいっぱい幸せタルト	P 10～11
・ストロベリーロールケーキ	P 12～13
・いちご畑のシフォンケーキ	P 14～15
・いちごのモンブラン	P 16～17
・ストロベリーエクレア	P 18～19
・いちごミルフィーユ	P 20～21
・ストロベリーマカロン	P 22～23
・いちごマフィン	P 24～25
・ストロベリージャムinチーズタルト	P 26～27
・ふわふわオムレツケーキ いちごジャム添え	P 28

Part 2

お口さっぱり心すっきり デザート＆ドリンク

・ストロベリーババロア	P 30～31
・いちごまるごとアイス	P 32～33
・クレームアンジュ フレッシュいちごソース	P 34～35
・いちごパフェ	P 36～37
・ストロベリームース	P 38～39
・いちごヨーグルトアイス	P 40～41
・杏仁豆腐のいちご風味	P 42～43
・いちご八つ橋	P 44
・いちご飴	P 45
・いちごチョコ大福	P 46～47
・いしがきいちご	P 48～49
・いちご白玉パンチ	P 50～51
・いちごスムージー	P 52～53
・ストロベリーハニーソーダ＆いちごのヨーグルト	P 54～55
・いちごの飲むゼリー＆タピオカいちご豆乳	P 56～57
・いちごココア＆いちご紅茶ラテ	P 58～59
・カクテル ストロベリーダイキリ	P 60

いちご大好き！幸せレシピ　もくじ

Part 3
オリジナルジャムの楽しみ
〜いちごがたくさん手に入ったら〜

- いちごのプレザーブ＆いちごジャム　　P62〜63
- いちごミルクジャム＆
　いちごチョコジャム＆ビスキー　　P64〜65
- いちごシロップ＆レッドゼリー　　P66〜67
- いちごのサワー漬け＆
　いちごのデザートベース　　P68〜69
- いちご酒＆いちごカクテル　　P70

Part 4
彩りとおいしさアップ！
いちご料理

- いちごのプレリュード
  - いちごのオレンジカクテル
  - いちごのカプレーゼ
  - いちごと帆立のマリネ　　P72〜73
- いちごの生春巻き　　P74〜75
- いちごとわかめの酢の物　　P76〜77
- いちごのクリーミーセサミソース　　P78〜79
- ベリーたちのクールスープ　　P80〜81
- 白身魚のカルパッチョ いちごドレッシング　P82〜83
- 鴨のソテー　いちごバルサミコソース　　P84〜85
- 春野菜の豆腐パテ いちごゼリーソース添え　P86〜87
- いちごのポテトドームサラダ　　P88〜89
- いちごと大根のカッテージチーズサラダ　P90〜91
- いちごの小さなお寿司　　P92〜93
- ストロベリーチーズサンド　　P94

いちごの由来

　いちごは枕草子にも書かれているように、日本でも昔から食べられていたようです。しかし、当時食べられていたのは野生のキイチゴやノイチゴで、今私たちが目にする大粒のものは、江戸時代末期にオランダ人により伝えられたといわれています。別名をオランダいちごというのはそのためです。
　その後明治時代に福羽逸人による品種改良によって、フランスの「ゼネラルシャンジー」を元にした細長い形が特徴的な「福羽いちご」が生まれました。その後もさまざまな改良や栽培技術の研究が重ねられ、石垣栽培や促成栽培、ハウス栽培などが行われています。今や日本はいちご大国。生食用いちご生産量第1位、全生産量でもアメリカ、スペインに次ぐ世界第3位を誇っています。

体を健康にし、肌をきれいにする
いちごの栄養成分

　いちごは大粒だと7〜8粒の中に1日の摂取推奨量（100mg）のビタミンCが含まれています。ビタミンCは抗酸化機能をもち、風邪予防などにも効果的ですが、なんといっても肌の新陳代謝を高め、シミやソバカスなど、肌のトラブル予防に役立つことがうれしいはたらきです。
　また、いちごに含まれる豊富な食物繊維には腸をきれいにするはたらきがあり、さらにむくみの原因となる体内の余分な塩分を排出してくれるカリウムも含まれています。このほかにも、虫歯予防のキシリトールや生活習慣病予防に期待されているポリフェノールの一種・アントシアニンなどいろいろな栄養がつまっています。

おいしくて新鮮ないちごの選び方

　新鮮でおいしいいちごを見つける上で、まず大事なのは色です。ヘタのまわりも含めて全体的に赤く、色鮮やかで表面に光沢があることがポイントです。熟しすぎた部分は少し白っぽくよどんだピンク色になります。
　次に注目する点はヘタ。みずみずしく濃い緑色のものを選び、しおれていたり、茶色に変色しているものは避けましょう。
　最後のポイントは形。パックで売られている時には、横や底からもよく見て、つぶれていたり、果汁がしみ出ていないかをチェックすることを心がけることをおすすめします。

いちごの上手な扱い方と保存法

　いちごはデリケートな食べものです。おいしさを逃さないよう丁寧に扱いましょう。
　洗う時のコツは水に触れる時間をできるだけ少なくすることです。ビタミンCは水溶性のため長くつけると流れ出てしまう上、水っぽくなり味も落ちます。食べる直前に、ヘタはつけたまま流水で手早く洗いましょう。そして早めに水切りすることが大切です。ヘタはピッと引っぱると取れますが、きれいに取れるヘタ取り器も市販されています。
　いちごは日持ちがしないのでその日のうちに食べ切る方がいいですが、保存する際には洗わずにラップなどでそっと包み冷蔵庫へ。長期保存の時は、きれいに洗ってヘタを取りバットなどに並べて一度凍らせ、その後密閉袋などに入れて冷凍庫へ。

いちごのおもな品種と特徴

あまおう　平成14年に登場した新品種。20年近く福岡県の主要品種であった「とよのか」に代わり、今もっとも人気のあるいちごです。開発期間に5年かけ、100種類以上もの交配が行われたといいます。品種改良の過程では、開花時期の受粉作業が大事ですが、この仕事に従事した人たちの中には、しゃがんだ姿勢が続くことによる腰痛や花粉症に悩まされる人もいたようです。さらに食味検査では大量のいちごを味見するため「もういちごは見たくない」という声も聞かれるほどでした。
　交配のため、全国から100種類以上の優良品種が集められ、その結果約7000の種子が得られたといいます。こうして誕生したあまおうは、丸くとても大きいことと、光沢のある濃い赤色、そして甘さと酸味の絶妙なバランスが特徴です。

とちおとめ　女峰に代わり東日本で広く栽培されていますが、栃木県が主産地で、現在ではいちごの生産高全国1位を誇っています。
　鮮やかな赤色で女峰よりも大きい粒が特徴で、果肉の色は濃赤。果汁がとても多く、甘い上、風味も豊かなので、デザートやお菓子にぴったりな品種です。従来種より日持ちする点も人気となっています。

さちのか　比較的日持ちがし、つぶれにくい品種。ぎゅっとしまった実にビタミンCが他品種よりも多く含まれているのが特徴です。

章姫　静岡県を中心に栽培されていて、酸味より甘味が強いのが特徴。石垣栽培でも作られています。

とよのか　九州を中心に西日本で作られている、香りが高く、甘酸っぱい果汁がたっぷりの人気品種です。

いちごの旬

　いちごは1960年代頃まで露地栽培で5〜6月が旬の、初夏の果実でした。しかし、花を早く咲かせるなどの栽培技術が発達し、ハウス栽培が普及したおかげで、収穫期間が延び、ほぼ一年中味わえるようになりました。もっとも多く出回るのは、3月頃。冬から春先の果実として定着しています。

Part 1

いちごがいっぱい 手作りお菓子

いちごのプチフルール

いちごの優しい酸味とパイの香ばしさのバランスを味わえるお菓子。
ひと口サイズだから、片手でパクリ！

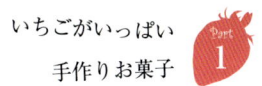

いちごがいっぱい
手作りお菓子

材料（直径約4cm　丸型　約16個分）

冷凍パイシート	2枚
クリーム	
生クリーム	1/2カップ
砂糖	大さじ1/2
いちご	16粒
いちごジャム	大さじ4　（作り方P63参照）
粉砂糖	適量
セルフィーユ	適量

作り方

1. 半解凍したパイシートは、1.5倍にのばし4cm程度の丸型で抜き、2cm程度の丸型で中央に型をつける。…(a)
2. 220℃に熱したオーブンで①を約10分間焼き、完全に冷ます。
3. 生クリーム、砂糖を合わせて8分立てにする。いちごは洗って水けをふく。
4. パイの中央をくり抜きいちごジャムを入れ、③のクリームを絞り入れて、いちごをのせ、粉砂糖をふる。彩りにセルフィーユを飾る。

a

冷凍パイシートの使い方

パイシートは冷凍庫から出して10分位おいて室温に戻し、半解凍したところで、めん棒でサッとのばし、すばやく型で抜くと、きれいに抜けます。残った生地は、重ねて袋に入れ冷蔵庫に。膨らみは少なくなりますが二番生地として使用できます。

いちごいっぱい幸せタルト

いちご、ブルーベリー、ラズベリーがたっぷりと
のった贅沢なタルトです。

いちごがいっぱい
手作りお菓子

材料 （直径20cmのタルト型1台分）

タルト生地

バター（食塩不使用）	75g
粉砂糖	50g
卵	1/2個
粉末アーモンド	50g
薄力粉	100g
バニラエッセンス	少々
いちごジャム	大さじ1
ブランデー	小さじ1
いちご	1パック
ブルーベリー、ラズベリー	各適量
ピスタチオ、ミント	各適量

カスタードクリーム

砂糖	75g
薄力粉	30g
塩	少々
卵黄	2個分
牛乳	1カップ
バター（食塩不使用）	大さじ1
A [生クリーム	1/3カップ
ラム酒	少々

作り方

<タルト生地>

1. バターはやわらかく練り、粉砂糖を入れて混ぜ、白っぽくなったら溶き卵を少しずつ加える。粉末アーモンド、薄力粉、バニラエッセンスを加えてひとかたまりにし、1時間ほど冷蔵庫で休ませる。
2. ①を4mm厚さにのばし、バターを塗ったタルト型に敷く。フォークで空気穴をあけて180～200℃に熱したオーブンで約20分間焼く。

<カスタードクリーム>

3. 砂糖、薄力粉、塩を合わせ、卵黄を加えてよくすり混ぜる。温めた牛乳を少しずつ加えて混ぜる。
4. ③を火にかけ、とろみが出てきたら、火からおろしてバターを加える。粗熱を取り冷まし、5分立てにしたAを加え混ぜる。

<仕上げ>

5. ②にブランデーでのばしたいちごジャムを塗り、④のカスタードクリームを詰めていちご、ブルーベリー、ラズベリーを並べ、刻んだピスタチオ、ミントを飾る。

いちごの香りの出し方
洗ったいちごをボウルに入れ、レモン汁をふりかけてラップをしておく。20～30分程度おくと、いちごの香りがよく出ます。

ストロベリーロールケーキ

一台のスポンジケーキから3個のロールケーキの出来上がり！
いちごと生クリーム、スポンジケーキで定番のおいしさ。

いちごがいっぱい
手作りお菓子

🍓 材料（直径18cmのケーキ型1台で3本できる）

スポンジ生地
- 薄力粉　　　　　　　　80ｇ
- バター（食塩不使用）　20ｇ
- 卵　　　　　　　　　　3個
- グラニュー糖　　　　　80ｇ

クリーム
- 生クリーム　　　　　　1カップ
- 砂糖　　　　　　　　　大さじ1
- いちご　　　　　　　　1パック
- ホワイトチョコレート　100ｇ
- ミント　　　　　　　　適量

a

🍓 作り方

＜スポンジ生地＞

1 薄力粉はふるい、バターは溶かす。

2 ボウルに卵を溶きほぐしてグラニュー糖を加え、湯せんにかけて泡立てる。人肌程度まで温まったら湯せんからはずし、さらに休まずにテンポよく泡立てる。白くもったりとしてきたら泡立て器を持ち上げ、生地を上から落としてリボン状になるのを確かめる。

3 ②に①の薄力粉を一度に加え、ゴムべらで泡をつぶさないようにボウルを回しながらさっくりと混ぜ合わせる。溶かしバターを加えて、底の方からバターの筋がなくなるまで混ぜる。

4 ケーキ型に③の生地を流し、ゴムべらで平らにして180℃に熱したオーブンで15〜20分間焼く。ふんわりと焼けたら、そのまま冷ます。

＜クリーム＞

5 生クリームに砂糖を合わせ、しっかりと泡立てる。

＜仕上げ＞

6 スポンジケーキを3等分に切り、丸い生地を3枚作る。巻きやすいように内側に切り込みを入れ、白い紙の上にスポンジ生地をのせて⑤のクリームを広げ、いちごは飾り用に3粒とっておき、残りを並べて紙で押さえながら巻き込む。…(a)

7 ⑥のロールケーキの上部に湯せんして溶かしたホワイトチョコレートを塗り、冷蔵庫で冷やし固めて落ち着かせる。飾り用の輪切りにしたいちご、ミントを飾り、リボンで中央を結ぶ。

スポンジ生地を上手に作るには
卵を湯せんにかけて白くもったりとなるまでよく泡立てると、きめ細かいスポンジになります。薄力粉を入れたら、さっくりと切るように混ぜましょう。

いちご畑のシフォンケーキ

ふわふわときめ細やかに焼き上げたシフォン生地。
甘さひかえめでなめらかに泡立てたクリームといろいろベリーを添えて。

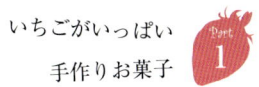

材料 (20cmシフォン型1台)

いちご	1/2パック
シフォン生地	
薄力粉	120g
ベーキングパウダー	小さじ1/2
卵黄	5個分
グラニュー糖	30g
サラダ油	80cc
水	80cc
レモン汁	1個分
メレンゲ(卵白5個分、グラニュー糖70g)	
クリーム	
生クリーム	1カップ
砂糖	大さじ2
ブルーベリー、ラズベリー、	
ミント	各適量

作り方

＜シフォン生地＞

1 薄力粉とベーキングパウダーは合わせてふるう。

2 ボウルに卵黄とグラニュー糖を入れ、白っぽくなるまで十分混ぜる。全体がゆるいマヨネーズ状になるまで混ぜる。サラダ油を加えて混ぜ合わせ、さらに水、レモン汁を加えて混ぜ合わせる。①の粉類を2回に分けて、さっくりと混ぜ合わせる。

3 メレンゲを作る。ボウルに冷した卵白を入れて泡立て、8分立てになったところでグラニュー糖を2～3回に分けて加え混ぜ、固いメレンゲにする。

4 ②の生地に③のメレンゲ1/3量を加え混ぜ、残りのメレンゲを2回に分けて、泡をつぶさないように混ぜ合わせる。型に流し入れ、170℃に熱したオーブンで約30分間焼く。コップに返して立て、自然に冷ます。…(a)

＜クリーム＞

5 生クリームに砂糖を合わせて、8分立てにする。

＜仕上げ＞

6 ④が完全に冷めたら型からはずし、⑤のクリームを塗る。切り分けて、食べやすく切ったいちご、ブルーベリー、ラズベリー、ミントを添える。

メレンゲを上手に作るには

油分、水分をよく洗いきれいにふいた清潔なボウルと泡立て器を使用します。泡立てるときは休まず一気に。グラニュー糖を入れるのは、角が立ってから。2～3回に分けて加えます。

いちごのモンブラン

いちごで白い山をイメージしたお菓子を作ってみました。
甘酸っぱいピンクのいちごチーズクリームがなんとも可愛い。

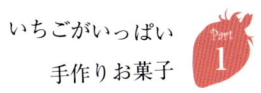

いちごがいっぱい
手作りお菓子

材料 （6個分）

クリーム
　生クリーム　　　　　1/4カップ
　砂糖　　　　　　　　小さじ1
　キルシュ　　　　　　少々
いちごチーズクリーム
　クリームチーズ　　　200g
　砂糖　　　　　　　　大さじ2
　いちご　　　　　　　4粒
カステラまたはスポンジ　適量
いちご　　　　　　　　8粒

Column
いちごは野菜か果実か？
デザートによく使われるいちごは八百屋やスーパーでもフルーツとして扱われていますが、木に実がなる植物ではないので学問上は野菜に分類されます。そのため、「果実的野菜」ともいわれます。

作り方

1 生クリームに砂糖、キルシュを加え、氷水にあてながら角が立つまで泡立てる。
2 クリームチーズを室温に戻し木べらで練り、クリーム状にして、砂糖、裏ごししたいちごを加えて混ぜ合わせる。
3 直径4cmの丸型で型抜きしたカステラ（またはスポンジ）6枚にいちご6粒をそれぞれのせ、②のいちごチーズクリームを山型に塗り、①のクリームを細い金口をつけた絞り袋に入れ絞り出す。…(a)
4 ③のてっぺんに、小さく切ったいちごを飾る。

a

ストロベリーエクレア

定番のエクレアも、いちごのトッピングで、
香りとフレッシュさがお口に広がります。

いちごがいっぱい
手作りお菓子 Part 1

材料 (10cm 約20個分)

シュー生地
- バター（食塩不使用） 50g
- 水 1/2カップ
- 塩 少々
- 薄力粉 60g
- 卵 2～3個

カスタードクリーム
- コーンスターチ 大さじ2
- 砂糖 60g
- 卵黄 3個分
- 牛乳 1カップ
- バニラエッセンス 少々
- A ┌ 生クリーム 1/2カップ
    └ 砂糖 大さじ1

いちご 1パック
(市販の)いちごチョコレート 100g

> **シュー生地を上手に膨らませるコツ**
> 薄力粉を混ぜてから生地がまとまるまで火にかけ、生地に卵液を加えるときは少しずつ入れてなじませます。焼き上がるまでオーブンは開けないこと。

作り方

＜シュー生地＞

1 鍋にバターと分量の水、塩を加えて火にかける。バターが溶け沸騰したら、火を止め、ふるっておいた薄力粉を一度に加え、手早く混ぜ合わせる。全体を絶えず混ぜながら、生地がひとつにまとまるまで弱火にかける。

2 鍋を火からおろして、よく溶いた卵を1/2個位ずつ加え、手早く卵をなじませるように混ぜ合わせる。卵がなじんだら、次の卵を加える。木べらから生地を落とすと三角につながってゆっくりと落ちる程度の固さにする。

3 絞り袋に②を入れ、天板に間隔をあけながら10cm長さに絞り出す。220℃に熱したオーブンに入れ、10～15分間程度焼き、大きく膨らんだら温度を150℃に下げ、さらに約15分間焼いてしっかりと乾燥させる。このときオーブンの扉は開けない。

＜カスタードクリーム＞

4 ふるったコーンスターチと砂糖を合わせ、卵黄を加えてよくすり混ぜる。温めた牛乳を少しずつ加え混ぜる。漉して鍋に入れて火にかけ、絶えず混ぜながら練る。沸騰しはじめたら火からおろし、よく混ぜてクリーム状にした後、バニラエッセンスを加えて冷ます。5分立てしたAを合わせ混ぜる。

＜仕上げ＞

5 焼き上がったシューを横半分に切り、シューの下側にカスタードクリームを詰め、いちごをのせ、湯せんで溶かしたいちごチョコレートを塗ったシューの上側をかぶせる。

いちごミルフィーユ

パリパリに焼けたパイと
濃厚でリッチなカスタードクリームを重ねたミルフィーユ仕立て。

いちごがいっぱい
手作りお菓子 Part 1

🍓 材料（6個分）

冷凍パイシート	1枚
カスタードクリーム	
砂糖	50g
薄力粉	20g
卵黄	1個分
牛乳	3/4カップ
生クリーム	1/4カップ
バニラエッセンス	少々
クリーム	
生クリーム	1/4カップ
砂糖	小さじ1
バニラエッセンス	少々
いちご	6粒
粉砂糖	適量

Column
いちごの水切り法
いちごは水けが大の苦手。ヘタを取らずに手早く洗った後も、手早く水を切りましょう。よく乾いた布巾やペーパータオルで、つぶさぬようにやさしくとりましょう。

🍓 作り方

＜パイ＞
1 パイシートはめん棒で縦横に24cm角位になるようにのばす。フォークで空気穴をあけて、冷蔵庫で冷やす。
2 パイシートがよく冷えたら200℃に熱したオーブンで約7分間、膨らんだら膨らみ過ぎないように軽く押さえ、さらに170℃で7〜8分間焼き乾燥させる。
3 焼き上がったパイを3等分に切る。

＜カスタードクリーム＞
4 砂糖、薄力粉を合わせ、卵黄を加えてよくすり混ぜる。温めた牛乳と生クリームを少しずつ加え混ぜる。
5 ④を漉して火にかけ、絶えず混ぜながらよく練る。火からおろしてバニラエッセンスを加え、粗熱を取り冷ます。

＜仕上げ＞
6 いちごは半分に切る。生クリームに砂糖、バニラエッセンスを合わせて泡立てる。
7 ③のパイにカスタードクリームをたっぷりと塗り、1枚かぶせ、さらにカスタードを塗りパイをかぶせ、ミルフィーユにする。粉砂糖をふり、中央に⑥のクリームを絞り、いちごを並べ、6等分に切り分ける。

ストロベリーマカロン

材料（約8個分）

卵白	2個分
粉砂糖	20 g
A ┌ 粉末アーモンド	60 g
┗ 粉砂糖	100 g
食紅	少々
いちご	4粒
いちごチョコジャム	少々（作り方P65参照）

作り方

1. Aを合わせ、ふるう。
2. 卵白は固く泡立て、粉砂糖を2回に分けて加え、よく混ぜ、つやのよいメレンゲにする。水少々（分量外）で溶いた食紅を加え、①を加えさっくりと混ぜ合わせ、しばらく混ぜ続けてとろりとしたクリーム状にする。
3. オーブン用シートを敷いた天板に②を丸く絞り、表面が乾くまで約30分室温で休ませる。指で触ってみて乾き具合を確かめてみるとよい。…(a)
4. 200℃に熱したオーブンで1〜2分間、150℃で10〜12分間焼く。いちごチョコジャム、薄く輪切りにしたいちごをはさむ。

> **マカロンを上手に膨らませるコツ**
> 焼く前に表面をよく乾かします。焼くときは、オーブンの下段で低温でゆっくり焦がさないように焼き上げましょう。

> **粉末アーモンド**
> 開封後は酸化しやすいのでなるべく早く使い切ることをおすすめします。お菓子に使用するときは、ふるいにかけ、ダマができないようにします。

いちごがいっぱい
手作りお菓子
Part 1

マカロンとは、アーモンドとメレンゲで作るフランスの伝統的なお菓子。
中にはさんだいちごチョコジャムとマカロンの相性は抜群です。

いちごマフィン

マフィンの甘い生地にいちごの酸味が調和し、朝食にもぴったり。
おいしい紅茶やコーヒーのお供にも…。

いちごがいっぱい 手作りお菓子

材料（マフィン型 約10個分）

いちご	1/2パック
A グラニュー糖	大さじ3
A レモン汁	大さじ1
バター（食塩不使用）	100g
グラニュー糖	140g
卵	2個
塩	小さじ1/4
牛乳	約60cc
薄力粉	200g
ベーキングパウダー	小さじ2
粉砂糖	適量

作り方

1. いちごは洗ってヘタをとり、縦に2〜4つに切る。鍋に入れ、Aと混ぜ合わせて火にかけ、ひと煮立ちさせたら冷ます。いちごとシロップに分ける。
2. ボウルにバターを入れて、泡立て器でよく混ぜ、グラニュー糖を2〜3回に分けて加え混ぜる。白っぽくなったら、溶き卵を加える。塩を加えてさらによく混ぜる。
3. 牛乳を加えて混ぜ、合わせてふるっておいた薄力粉とベーキングパウダーを半量手早く混ぜて全体をなじませる。さらに①で出来たいちごのシロップを加え混ぜ、残りの粉類も加えさっくりと混ぜ合わせる。
4. マフィン型に紙カップを敷き、絞り袋で③の生地を半分の高さまで入れ、①のいちごを3〜4つ散らす。残りの生地を絞り入れ上の表面にも①のいちごを散らす。…(a)
5. 170℃に熱したオーブンで約25分間焼き、真ん中を押して弾力があれば焼き上がり。粉砂糖をふる。

a

ストロベリージャム
in チーズタルト

ハードタイプの濃厚なチーズの風味がきいたチーズケーキに
いちごジャムが程よい酸味を与えてくれます。

いちごがいっぱい 手作りお菓子 Part 1

材料（5cm楕円型　16個分）

タルト生地
- バター（食塩不使用）　75g
- 粉砂糖　50g
- 卵　1/2個
- 粉末アーモンド　50g
- 薄力粉　100g
- バニラエッセンス　少々

チーズクリーム
- クリームチーズ　150g
- グラニュー糖　50g
- 卵黄　2個分
- 生クリーム　1/2カップ
- レモン汁　大さじ1
- 薄力粉　大さじ2

いちごジャム　適量（作り方P63参照）
いちご　適量

Column
生食用いちごの生産と消費は世界一
世界の中でも日本はいちごが大好きな国。生食用に限れば、生産量も消費量もなんと世界第1位です。

作り方

<タルト生地>

1. バターをやわらかく練り、粉砂糖を入れて混ぜ、白っぽくなったら溶き卵を少しずつ加える。粉末アーモンド、薄力粉、バニラエッセンスを加えてひとかたまりにし、冷蔵庫で休ませる。

2. ①を4mm厚さにのばし、タルト型よりひと回り大きめに抜き、バターを塗った型に敷く。フォークで空気穴をあけて180℃に熱したオーブンで約20分間焼く。

<チーズクリーム>

3. クリームチーズは室温に戻して練り、グラニュー糖を加えて混ぜ合わせる。卵黄を1個ずつ加えてその都度しっかりとなめらかになるまで混ぜ合わせる。

4. 生クリームを少しずつ加え混ぜ、レモン汁を加える。薄力粉をふるい入れてしっかりと混ぜ合わせる。

<仕上げ>

5. ②の底にいちごジャムを敷き、④を流し入れる。170℃に熱したオーブンで20～25分間焼く。適当な大きさに切ったいちごを飾る。

ふわふわオムレツケーキ いちごジャム添え

手作りおやつで人気のオムレツケーキ。
ふわふわの食感で、どこか懐かしい、お母さんの味のする逸品です。

材料 (4人分)

卵黄	1個分
薄力粉	40g
牛乳	120cc
メレンゲ	
卵白	1個分
砂糖	大さじ2
バニラエッセンス	少々
バター	大さじ1
いちごジャム	適量
(作り方P63参照)	
粉砂糖、	
セルフィーユ	各適量

作り方

1 ボウルに卵黄、薄力粉を合わせ、牛乳を加え混ぜ合わせる。

2 別のボウルに冷した卵白を入れて泡立て、8分立てになったところで砂糖、バニラエッセンスを加え混ぜ、固いメレンゲにする。

3 ①の生地に②のメレンゲ1/3量を加え混ぜ、残りのメレンゲを2回に分けて、泡をつぶさないように混ぜ合わせる。

4 フライパンにバターを溶かし、ホットケーキを焼く要領で両面焼く。

5 食べやすく切り、いちごジャムを添え、粉砂糖をふり、セルフィーユを飾る。

Part 2

お口さっぱり心すっきり
デザート&ドリンク

ストロベリーババロア

ババロア生地に赤いいちごの表情がきれいなデザート。
バニラ風味のムースとフレッシュいちごのバランスが絶妙です。

材料（ゼリー型　12個）

ババロア生地
- 卵黄　　　　　2個分
- 砂糖　　　　　70g
- 牛乳　　　　　1・1/2カップ
- 粉ゼラチン　　10g
- 水　　　　　　大さじ4
- 生クリーム　　1カップ
- いちご　　　　1/2パック

いちごソース
- いちご　　　　50g
- 砂糖　　　　　50g
- レモン汁　　　大さじ1

ミント　　　　　適量

作り方

<ババロア>
1. ボウルに卵黄と砂糖を入れて、白っぽくなるまで混ぜ合わせる。牛乳を沸騰直前まで沸かして加える。
2. ゼラチンは分量の水にふり入れ、ふやかして湯せんで溶かし、①に加えて混ぜ、氷をあててとろみがつくまで冷ます。
3. 生クリームは5分立てにして、②と混ぜ合わせ、ババロアの生地を作る。
4. 適当な大きさに切ったいちごを型にはり付け、③を流し、冷蔵庫で冷し固める。固まったら器から出す。

<いちごソース>

5. いちごは洗ってヘタをとり水けをふいて5mm角に切り、砂糖、レモン汁を加え混ぜ合わせて鍋に入れる。火にかけ、ひと煮立ちさせたら冷ましてソースを作る。
6. 器に盛った④にいちごソース、ミントを添える。

いちごまるごとアイス

材料（12個分）

いちご（大粒なもの）　12粒
アイス生地
　生クリーム　　　　1/4カップ
　コンデンスミルク　大さじ3
　バニラエッセンス　少々

> **Column**
> **いちごについている つぶつぶは？**
> 甘酸っぱくおいしい赤い実は果実と思われがちですが、実は花を支える花托（かたく）という部分。本当の果実は表面のつぶつぶで中に種子が入っています。

作り方

1 生クリームにコンデンスミルク、バニラエッセンスを加え、8分立てにする。
2 いちごは洗ってヘタをとり、水けをふいて、中をくり抜き、①を絞り入れる。…(a)
3 製氷器にアイス生地を詰めた方を上向きに並べ、冷凍する。

a

お口さっぱり心すっきり
デザート&ドリンク Part 2

コンデンスミルクがたっぷり入った生クリームは
冷凍庫で固まるとふんわりなめらかなアイスクリームに変身。

クレームアンジュ
フレッシュいちごソース

フランスのアンジュ地方の家庭菓子。ふんわりとお口でとろける
甘く濃厚なチーズクリームに、生のいちごのソースをかけて。

お口さっぱり心すっきり
デザート&ドリンク Part 2

材料（8個分）

クレームアンジュ
- クリームチーズ　　100g
- 生クリーム　　　　1/4カップ
- 卵白　　　　　　　1個分
- グラニュー糖　　　大さじ3

フレッシュいちごソース
- いちご　　　　　　5個（約100g）
- グラニュー糖　　　大さじ1
- レモン汁　　　　　大さじ1

Column　いちごの抗酸化作用

いちごのおいしそうな赤色を作り出すのはアントシアニンという成分のはたらきによるものです。アントシアニンには抗酸化作用があり、動脈硬化やがんの予防に効果があります。

作り方

＜クレームアンジュ＞
1. クリームチーズは室温に戻してクリーム状に練り、生クリームを少しずつ加え、混ぜ合わせる。
2. 卵白は角が立つまで泡立て、グラニュー糖を入れてさらに泡立てる。
3. ①に②を2回に分けて混ぜ合わせ、ガーゼを敷いたプリン型に入れ、上部を結ぶ。冷蔵庫で1～2時間程度おいて水けをきる。

＜フレッシュいちごソース＞

4. いちごは洗ってヘタをとり、水けをふいて刻み、グラニュー糖、レモン汁を加え混ぜ合わせ10分間程度なじませる。
5. クレームアンジュにフレッシュいちごソースを添える。

いちごパフェ

🍓 材料（グラス4個分）

- いちご　　　　　1パック
- バニラアイス　　400g
- ウーロン茶ゼリー
  - 粉ゼラチン　　5g
  - 水　　　　　　大さじ2
  - ウーロン茶　　1/2カップ
- クリーム
  - 生クリーム　　1/2カップ
  - 砂糖　　　　　大さじ1/2

🍓 作り方

1. いちご1/2パックはフォークまたは泡立て器でつぶす。バニラアイスは室温でやわらかくして、つぶしたいちごと混ぜ合わせ、バットに入れてもう一度冷凍庫で固める。
2. ゼラチンは分量の水にふり入れ、ふやかしておく。
3. ウーロン茶に湯せんで溶かした②のゼラチンを加え混ぜ、バットに流し込んで冷蔵庫で約1時間、冷し固める。
4. 生クリームに砂糖を加え、泡立てる。
5. グラスに残りのいちご、①のアイス、④のクリーム、細かく角切りにした③のゼリーを順に重ね、いちごを飾る。

お口さっぱり心すっきり
デザート&ドリンク

Part 2

憧れのいちごパフェを手作りしましょう。
ウーロン茶のゼリーをトッピングして甘過ぎない爽やかな仕上がりに。

ストロベリームース

いちごと相性の良いヨーグルト。水分をきったヨーグルトが
コクとクリーミーな味わいをプラスしてくれます。

お口さっぱり心すっきり
デザート&ドリンク Part 2

材料（4人分）

いちご	1パック
砂糖	大さじ4
レモン汁	大さじ1
ラム酒	大さじ1
粉ゼラチン	7.5g
水	大さじ3
ヨーグルト	1カップ
生クリーム、飾り用いちご、ミント	各適量

作り方

1 いちごは洗ってヘタをとり、水けをふいて、半分に切り、砂糖、レモン汁、ラム酒をふり混ぜて10分間程度なじませておく。
2 ①をミキサーにかけて、ピューレ状にする。…(a)
3 ゼラチンは分量の水にふり入れ、ふやかし、湯せんにかけて溶かす。
4 ②と③を混ぜ合わせ、ボウルごと氷水につけて、ゴムべらで混ぜながら冷やす。
5 紙や布巾にのせて20〜30分間おいて余分な水分（乳清）をきったヨーグルト（コーヒーフィルターを使用すると便利です）と、とろみのついた④を混ぜ合わせ、いちごを飾ったグラスに注いで冷蔵庫で冷やし固める。
6 泡立てた生クリームといちご、ミントを飾る。

いちごヨーグルトアイス

🍓 **材 料**（15個分）

いちご	1・1/2パック
A ┌ ヨーグルト	1カップ
├ 砂糖	50 g
├ レモン汁	大さじ1・1/2
└ コンデンスミルク	大さじ2
ミント	適量

🍓 **作 り 方**

1. いちごは洗ってヘタをとり、水けをふく。
2. いちご1パック分はボウルに入れ、スプーンやフォークで粗くつぶし、Aを加え混ぜ合わせ、袋に入れて冷凍庫で冷やし固める。固まる途中2〜3回、袋の上からもみ混ぜると、なめらかな口あたりになる。
3. ラップに大さじ2杯程度②のアイスをのせ、残りのいちごを1つずつ入れて茶巾に絞り、冷凍庫で冷やし固める。…(a)
4. ③を器に盛り、ミントを添える。

お口さっぱり心すっきり
デザート&ドリンク Part 2

さっぱりアイスにまるごといちごが入ったジェラート。
お料理のあとのお口直しにもぴったりです。

杏仁豆腐のいちご風味

人気の杏仁豆腐をピューレとゼリー、食感の違ういちごたっぷりの
2種類のソースでいただきます。

お口さっぱり心すっきり
デザート＆ドリンク Part 2

Column
クエン酸のキレート作用とは
果実などの甘酸っぱさのもとになるクエン酸は、カルシウムにくっついて吸収されるという特徴があり、これをキレート作用といいます。乳製品に含まれるカルシウムが、いちごのクエン酸と吸収されるのですから、相性の良さは栄養面でもバッチリです。

材料（グラス8個分）

杏仁豆腐
棒寒天	1/2本
水	250cc
杏仁霜	15g
砂糖	50g
牛乳	150cc
生クリーム	大さじ2

いちごゼリー、ピューレ
いちご	1/2パック（約150g）
グラニュー糖	大さじ3
レモン汁	大さじ1
粉ゼラチン	2.5g
水	大さじ1
桂花陳酒	1/4カップ
セルフィーユ	適量

作り方

<杏仁豆腐>
1 寒天は水（分量外）に戻し、水けを切ってちぎり、分量の水に加えて煮溶かす。杏仁霜は分量の牛乳から少量をとり溶いておく。寒天が完全に煮溶けたら、砂糖、牛乳、生クリーム、溶いた杏仁霜を加えてさっと煮る。
2 ①の粗熱が取れたら、盛り付けるカップに半分程度まで注ぎ、冷やし固める。

<いちごゼリー、ピューレ>
3 いちごは洗ってヘタをとって、水けをふき、刻んでグラニュー糖、レモン汁を加え混ぜ合わせて火にかけ、ひと煮立ちさせて冷ます。
4 ゼラチンを分量の水にふやかし、湯せんまたはレンジにかけて溶かす。
5 ③で出来たシロップを1/4カップとり、桂花陳酒、④と合わせて冷やし固め、ゼリーを作る。
6 残りのシロップと③で煮たいちごをミキサーにかけ、ピューレ状にする。

<盛り付け>
7 ②が固まったらいちごのピューレをのせ、角切りにしたいちごゼリーを散らし、セルフィーユを飾る。

いちご八つ橋

材料（8個分）

白玉粉	20g
水	大さじ4
上新粉	40g
砂糖	70g
シナモンパウダー	小さじ2
粒あん	大さじ4
いちご	8粒

作り方

1 ボウルに白玉粉を入れ、分量の水を少しずつ加えながら手でダマにならないように溶きのばす。上新粉、砂糖を加え、ゴムべらなどで混ぜ合わせる。
2 オーブン用シートを敷いた耐熱皿に①を流し入れ、蒸し器で約15分間蒸す。
3 ②が熱いうちに、オーブン用シートごと皿から出し、オーブン用シートを折りたたむようにしてこねる。粗熱が取れるまでこねたらオーブン用シートをはずし、シナモンをふった台にのせ、シナモンをまぶしながら手で平らにし、めん棒で2〜3mm厚さにのばす。
4 ③の生八つ橋は8cm角に切り、粒あん、薄切りにしたいちごをはさむ。

手作り八つ橋は、市販のものにも負けないおいしさです。
いちごとシナモンの不思議な関係が魅力です。

いちご飴

お祭りの出店に並べられた姿を思い出させてくれる飴菓子。
「もう一本！」とせがみたくなる懐かしい素朴な味です。

材料（10個分）

いちご	10粒
砂糖	1/2カップ
水	大さじ2

作り方

1 いちごは洗って水けをふきとり、串にさす。
2 耐熱皿に砂糖と水を入れ、ラップをかけずに、電子レンジで3～4分間沸騰させる。
3 ②の様子を見ながら、茶色に色づいてきたら、加熱を止め、①をくぐらせ冷ます。

飴を上手に作るには
砂糖は水を加えたらかき混ぜず、自然に溶けるようにします。混ぜると結晶化してしまいます。余熱で色づくので、少し茶色になってきたところで温めるのを止めましょう。

いちごチョコ大福

ほんのりピンクの餅に包まれた、
フレッシュいちごとホワイトチョコがベストマッチ。

お口さっぱり心すっきり
デザート&ドリンク Part 2

材料（8個分）

ホワイトチョコレート	150 g
生クリーム	1/4カップ
いちご	8粒
白玉粉	100 g
水	3/4カップ
砂糖	100g
いちごジャム	30 g（作り方P63参照）
片栗粉	適量

作り方

1. 包丁で刻んだホワイトチョコレートをボウルに入れる。生クリームを鍋で温め、沸騰する直前に火からおろし、チョコレートに加えて混ぜ合わせる。氷水でボウルを冷やしながら、泡立て器で混ぜ、ガナッシュを作る。
2. ①がある程度固まったら、絞り袋に入れいちごを包むように絞り出し、クッキングシートを敷いたトレーに並べ、冷蔵庫で冷やす。
3. 耐熱ボウルに白玉粉、水、砂糖を入れてよく混ぜ合わせる。ラップをしてレンジで1分加熱。途中、混ぜながらさらに3～4分間加熱し透明感が出てきたら、いちごジャムを加えてさらに30秒～1分間加熱し、練り上げて求肥を作る。
4. バットに片栗粉を敷き、③を8等分にして丸める。②を包みこみ、形を整える。

ガナッシュを上手に作るコツ
チョコレートは、製菓用のものがおすすめです。生クリームは、沸騰する直前で火を止め、チョコレートに加えたら手早く混ぜます。ていねいに冷ましましょう。

いしがきいちご

材料（流し箱1個分）

いちご	1/2パック
棒寒天	1本
水	2・1/2カップ
砂糖	2カップ
卵白	2個分
レモン汁	大さじ2

Column
オランダいちごの渡来
私たちが食べているような大粒いちごは、江戸時代の終わり頃にオランダ人によって伝えられました。初めは毒いちごと誤解され、誰も食べようとはしなかったということです。

作り方

1. いちごは、飾り用に6粒とり、残りは適当な大きさに切る。
2. 流し箱は水でぬらし、①の切ったいちごを石垣状にはり付ける。
3. 寒天は水（分量外）に戻し、水けをきってちぎり、分量の水に加えて煮溶かす。完全に溶けたら砂糖を加え、少し糸が引く位までしっかり煮詰める。
4. ボウルに冷やした卵白を入れて泡立て、固いメレンゲにする。
5. ④にレモン汁、③を少しずつ加え、混ぜ合わせる。
6. ⑤を②に流し入れ、表面を平らにしたら、飾り用のいちごを並べる。
7. 冷蔵庫で冷やし固め、切り分ける。

お口さっぱり心すっきり
デザート＆ドリンク
Part 2

石垣のようにいちごが並べられている姿が名前の由来です。
ふわふわの淡雪かんの中のいちごが上品な味を演出。

いちご白玉パンチ

小さな白玉が可愛い。さまざまなベリー類と白玉の素朴な味が
シロップと溶け合ってお口の中を幸せにしてくれます。

お口さっぱり心すっきり
デザート＆ドリンク Part 2

材料（4人分）

いちご	1/2パック
ブルーベリー	大さじ4
白玉粉	80 g
水	約1/3カップ
A 砂糖	100 g
水	2カップ
ミント	適量

Column
福羽いちごについて
フランスより伝えられたゼネラルシャンジーという品種のいちごを明治時代に改良し「福羽いちご」が誕生しました。細長い形で、1960年代まで長い間栽培されていました。現在の人気品種の多くはこのいちごから改良されていったものです。

作り方

1. いちごは、洗ってヘタをとり、適当な大きさに切る。ブルーベリーは洗って水けをきる。
2. 白玉粉に水を少しずつ加えながら、耳たぶくらいのやわらかさにこねる。直径5mm程度に小さく丸め、熱湯で茹で、浮いてきたら冷水にとって冷ます。
3. 鍋にAを入れて、ひと煮立ちさせ、シロップを作りよく冷やしておく。
4. 器に①と②を盛り合わせ、③を注ぎ、ミントを飾る。

いちごスムージー

冷凍いちごを贅沢に使ってトロトロアイスのような飲み物に。
爽やかな味わいで、暑い日に飲んだらきっと元気になれます。

お口さっぱり心すっきり
デザート＆ドリンク Part 2

Column
野生いちご
いちごはバラ科の植物で、日本の山野にもクサイチゴやモミジイチゴ、クマイチゴ、ナワシロイチゴなど35種類もの野生いちごが確認されています。見つけたらジャムや果実酒などにして楽しみましょう。

材料（2杯分）
冷凍いちご	1/2パック分
牛乳	1カップ
砂糖	大さじ4
レモン汁	少々

作り方
1. 冷凍いちごと牛乳、砂糖、レモン汁をミキサーにかける。
2. ①をグラスに注ぐ。

冷凍いちご

材料
いちご　1パック（約300〜350ｇ）
砂糖　　大さじ1

作り方
1. いちごを洗ってヘタをとり、水けをふいて、砂糖をまぶして冷凍する。

ストロベリーハニーソーダ＆
いちごのヨーグルト

お口さっぱり心すっきり
デザート&ドリンク Part 2

ストロベリーハニーソーダ

砂糖とはちみつでマリネしたいちごを炭酸水で割ったら、
ちょっとワクワクするようなドリンクになりました。

材料（2杯分）

いちご	1/2パック
砂糖、はちみつ	各大さじ3
レモン汁	大さじ1/2
炭酸水	1・1/2カップ
ミント	適量

作り方

1 いちごは洗ってヘタをとり、砂糖、はちみつ、レモン汁を合わせ、冷蔵庫で冷やし、なじませる。
2 ①をグラスに入れ、冷たい炭酸水を注ぎ、ミントを添え、混ぜながら飲む。

いちごのヨーグルト

まろやかで爽やかな飲み物です。
白と赤のコントラストがなんとも可愛い。

材料（2杯分）

いちご	1/2パック
レモン汁	大さじ2
砂糖	大さじ2
ヨーグルト	1/2カップ
好みのリキュール	少々
飾り用いちご、ミント	各適量
氷	少々

作り方

1 いちごは洗って、ヘタをとり、フォークでつぶしてレモン汁、砂糖を加え混ぜる。
2 グラスに①、ヨーグルト、氷を順に加え、好みのリキュールを落とす。
3 飾りにいちごのスライス、ミントを添え、混ぜながら飲む。

いちごの飲むゼリー＆
タピオカいちご豆乳

お口さっぱり心すっきり
デザート＆ドリンク

Part 2

いちごの飲むゼリー

コラーゲン由来のゼラチンも入って、ビタミンCもたっぷり。
飲んだらお肌がぷるん！ぷるん…！?

材料（2杯分）

いちご	1/2パック
グラニュー糖	大さじ4
レモン汁	大さじ1
粉ゼラチン	2.5g
水	大さじ1
ミント	適量

作り方

1 刻んだいちごにグラニュー糖、レモン汁を加え混ぜ合わせて火にかけ、ひと煮立ちさせて冷ます。
2 ゼラチンは水にふり入れふやかしておく。
3 ①に水（分量外）を加え、1・1/2カップにする。
4 ③に②を加え冷やす。冷えたら、フォークでくずしてグラスに注ぎ、ミントを飾る。

タピオカいちご豆乳

豆乳といちごシロップを使ったアジアンドリンク。
タピオカのつぶつぶが楽しい食感を作ります。

材料（2杯分）

タピオカ	30g
調整豆乳	1カップ
いちごシロップ	大さじ3
（作り方P67参照）	
氷	適量
いちご	2粒
ミント	適量

作り方

1 鍋にたっぷりの湯を沸騰させ、タピオカを入れて踊るくらいの火加減で20分ほど茹で、透明になってきたら、水にとってぬめりをとり、ザルにあげる。
2 調整豆乳にいちごシロップを加え混ぜる。
3 グラスに氷、①を入れ、②を注いで、いちご、ミントを飾る。

いちごココア＆
いちご紅茶ラテ

お口さっぱり心すっきり
デザート＆ドリンク Part 2

いちごココア

ほのかに香るいちごジャムの酸味と香りが
なんとも絶妙なホットドリンク。

材料（2杯分）

ココア	大さじ1・1/3
いちごジャム	大さじ2
（作り方P63参照）	
牛乳	1・1/2カップ
キルシュ	少々
ミント	適量

作り方

1 小鍋にココア、いちごジャムを入れ、少量の牛乳でペースト状によく練る。
2 中火にかけ、牛乳を少しずつ加えながら温め、沸騰直前で火からおろし、キルシュを加える。ミントを浮かべる。

いちご紅茶ラテ

ロシアンティーとミルクティーのおいしさを凝縮。
ふわふわに泡立てたミルクが新鮮な感覚を与えてくれます。

材料（2杯分）

牛乳	1/2カップ
紅茶	1カップ
いちごジャム	適量
（作り方P63参照）	
いちご	1粒

作り方

1 牛乳を温め、泡立てる。
2 温かい紅茶にいちごジャムをお好みの量だけ加え混ぜ、①、輪切りにしたいちごを浮かべる。

カクテル
ストロベリーダイキリ

辛口なカクテルですが、フレッシュいちごを加えることで
色も味もやさしいカクテルに。飲み過ぎにはご用心。

材料（2杯分）

A
- いちご　　　　　3粒（約50g）
- ホワイトラム　　1/4カップ
- レモン汁　　　　大さじ1
- 砂糖　　　　　　大さじ1
- 氷　　　　　　　1カップ

飾り用いちご　　　2粒

作り方

1 Aをミキサーにかける。
2 大きめのグラスに①を注ぎ、いちごを飾る。

Part 3

オリジナルジャムの楽しみ
～いちごがたくさん手に入ったら～

いちごのプレザーブ＆
いちごジャム

いちごがたくさん
手に入ったら
Part 3

いちごのプレザーブ

いちごの形をまるごと残したまま、砂糖で煮たジャム。甘さひかえめで、いちごのおいしさを存分に味わいたい方におすすめです。

材料（約4カップ分）

いちご	約600〜700g
グラニュー糖	210g
レモン汁	大さじ2

作り方

1. いちごは洗ってヘタをそっとつまみとり、水けをふいて鍋に入れる。グラニュー糖とレモン汁を加え、砂糖が溶けて水けが出るまでおいておく。
2. ①の鍋を中火にかける。水分が上がってきたらいちごを傷つけないよう注意しながら、アクをこまめにとる。
3. いちごがふっくらとなるまで20分間程度煮て、アクがなくなり、少しとろみがついたら火を止める。

いちごのプレザーブ

いちごジャム

いちごジャム

定番のいちごジャム。いちごの香りがひき立ち、パンやお菓子、紅茶やチーズなど、使い勝手の良いのが特徴です。

材料（約3カップ分）

いちご	約600〜700g
グラニュー糖	300g
レモン汁	大さじ2

作り方

1. いちごは洗ってヘタをとり、水けをふいて鍋に入れる。グラニュー糖とレモン汁を加え、砂糖が溶けて水けが出るまでおいておく。
2. ①の鍋を中火にかける。水分が上がってきたらアクをこまめにとる。
3. いちごをつぶしながら30分間程度煮て、アクがなくなり、とろみがついたら火を止める。

いちごジャムの保存と賞味期限の目安
煮沸消毒をした瓶に詰めると、常温で3ヶ月ほど保存できます。開封後は冷蔵庫に入れて、早めに使い切りましょう。小さめの容器に小分けして保存することをおすすめします。

いちごミルクジャム＆
いちごチョコジャム＆ビスキー

いちごミルクジャム

ミルクの味でまろやかな味のジャムが出来上がります。
甘く優しい味だから、子どもたちにも大人気。

材料 (約1/3カップ分)

基本のいちごジャム	50g
コンデンスミルク	大さじ1
コアントロー	少々

作り方

1 いちごジャムにコンデンスミルクを加え、30～40秒間程度、電子レンジにかけ、コアントローを加える。

いちごチョコジャム

チョコのスイートな感じといちごの独特の風味がいっしょになってユニークな味を出してくれます。

材料（約1/3カップ分）

基本のいちごジャム	40g
チョコレート	20g
コアントロー	少々

作り方

1 いちごジャムに刻んだチョコレートを加え、30〜40秒間程度、電子レンジにかけて溶かし、コアントローを加える。

ビスキー

卵と砂糖、小麦粉、粉砂糖の4つの身近な材料だけで作れるお菓子です。素朴なお菓子だからいろいろなジャムで変化を楽しんでみましょう。

材料（約30本分）

卵	2個
グラニュー糖、薄力粉	各60g
粉砂糖	適量
いちごチョコジャム、いちごミルクジャム、プレザーブ	各適量

作り方

1 卵は卵白と卵黄に分ける。卵黄にグラニュー糖の半量を入れて白っぽくなるまで混ぜ、卵白はしっかりと泡立て残りのグラニュー糖を入れてつやのあるメレンゲを作る。卵黄に卵白を混ぜ合わせ、ふるった薄力粉を入れてさっくりと混ぜる。

2 オーブン用シートを敷いた天板に①をスティック状に絞り出し、粉砂糖をたっぷりとふって170℃に熱したオーブンで約10分間焼く。

3 ②にいちごチョコジャム、いちごミルクジャム、プレザーブをつけながらいただく。

いちごシロップ＆レッドゼリー

いちごがたくさん
手に入ったら
Part 3

いちごシロップ

いちごのおいしさを凝縮したきれいな色のシロップ。冷蔵庫に入れておくだけで幸せ気分に。いつでも手軽にジュースが出来上がります。

材料（約2・1/2カップ分）

いちご	約500〜600g
グラニュー糖	350g
水	300g
レモン汁	大さじ1
クエン酸	5g

作り方

1 いちごは洗ってヘタをとり、水けをふく。
2 水にグラニュー糖、レモン汁、クエン酸を加えて火にかけ、ゆっくりと煮溶かし、シロップを作り、いちごを加え、紙ぶたをして、やわらかくなるまで煮る。
3 三角袋にしたガーゼに②を入れて、一晩かけて濾す。…(a)
4 濾しだした液を煮沸消毒した瓶に詰めて保存する。氷水や、炭酸水で割って飲むとおいしい。
※残ったいちごは、新しいいちごを加えてジャムにするとよい。

> **いちごシロップの保存法と賞味期限の目安**
> 冷蔵庫で保存してください。1ヶ月程度が保存の目安。
> あざやかな赤色と香りがあるうちにいただきましょう。

レッドゼリー

ゼリー液はとろみをつけてからいちごを入れると、沈むことなく美しい仕上がりのゼリーに。

材料（4人分）

粉ゼラチン	5g
水	大さじ2
A グラニュー糖	大さじ2
A 水	130ml
いちごのシロップ	大さじ4
いちご	8粒
レモン汁	1/2個分
セルフィーユ	適量

作り方

1 ゼラチンは水にふり入れふやかしておく。
2 Aを煮溶かし①のゼラチンを加えて溶かす。
3 いちごのシロップを水（分量外）で薄めて2/3カップにする。
4 ②と③を合わせ、レモン汁を加え、さらに氷水で冷やし、とろみがついたら刻んだいちごを加え、グラスに流して冷やし固め、セルフィーユを飾る。

いちごのサワー漬け &
いちごのデザートベース

いちごがたくさん手に入ったら Part 3

いちごのサワー漬け

香りのよいりんご酢にいちごを漬けて保存しましょう。
おいしい健康ドリンクがいつでも楽しめます。

材料（約1ℓ分）

いちご	約600g
グラニュー糖	600g
りんご酢	3カップ

作り方

1. いちごは洗ってヘタをそっとつまみとり、水けをふく。
2. 煮沸消毒した瓶に①を入れ、グラニュー糖、りんご酢を入れる。冷蔵庫で3日程度漬け込む。

> **いちごのサワー漬けの保存法と賞味期限の目安**
> 冷蔵庫で保存してください。
> 1ヶ月程度が保存の目安。

いちごのデザートベース

いちごのサワー漬けの酸といちごのペクチン、さらに牛乳のたんぱく質の反応を利用してとろとろのデザートを作りました。

材料（4人分）

いちごのサワー漬け	1/4カップ
牛乳	1/2カップ
いちご	4粒
ミント	少々

作り方

1. いちごのサワー漬けと牛乳を混ぜ合わせ、とろりとしたら、器に盛り適当な大きさに切ったいちご、ミントを添える。

いちご酒＆いちごカクテル

いちご酒

ホワイトリカーにいちごを漬け込むといちご酒に。うめ酒の感覚で炭酸や水で割っていただきます。

材料（約1.5ℓ）

いちご	約300ｇ	ホワイトリカー	900cc
氷砂糖	200ｇ	レモン	1個

作り方

1. いちごは洗ってヘタをそっとつまみとり、水けをふく。
2. 煮沸消毒した保存瓶に氷砂糖、①を入れ、皮をむいたレモンの輪切りを加えてホワイトリカーを静かに注ぎ入れる。
3. 冷暗所に保存し、ときどき瓶を揺すって氷砂糖を溶かす。熟成期間は1〜3ヶ月。

いちごカクテル

材料（2杯分）

いちご酒	1/3カップ
氷	適量
いちご	8粒
炭酸水	2/3カップ
カシス	少々
レモン	1/4個

作り方

1. グラスに氷、いちご、いちご酒を入れ、炭酸水を注ぐ。
2. カシスを加えて、半月切りにしたレモンを飾る。

いちご酒を炭酸で割ると、おしゃれなカクテルの完成。いちごの香りを存分に楽しめます。

Part 4

彩りとおいしさアップ！
いちご料理

いちごのプレリュード

食事への前奏曲。3品のお洒落ないちごの前菜。
どれをとっても上品で、それでいて手軽にできる逸品です。

彩りとおいしさアップ！
いちご料理 Part 4

いちごのオレンジカクテル

🥕 **材料**（4人分）

いちご	4粒
オレンジ	1/4個
砂糖	少々
グランマニエ	大さじ1
エンダイブ	適量

🥕 **作り方**

1 いちごは薄い輪切りに、オレンジはむき身にして半分に切り、砂糖、グランマニエをまぶして、冷やしておく。
2 ①を器に盛り、エンダイブを添える。

いちごのカプレーゼ

🥕 **材料**（4人分）

いちご	4粒
モッツァレラチーズ	40g
塩、黒こしょう、バージンオリーブ油、レモン、バジル	各適量

🥕 **作り方**

1 いちごは縦に2〜3等分に切り、モッツァレラチーズは1cmの角切りにする。
2 いちごとチーズを合わせ盛り、塩、黒こしょう、オリーブ油をかけ、レモン、バジルを添える。

いちごと帆立のマリネ

🥕 **材料**（4人分）

いちご	4粒
帆立貝柱（生食用）	4個
玉ねぎ	1/8個
フレンチドレッシング	適量
ブラックオリーブ	2個
セルフィーユ	適量

🥕 **作り方**

1 いちごは薄く輪切り、帆立はサッと霜ふりにして冷水にとり水けをきって、2〜3枚に切る。
2 玉ねぎを薄切りにして敷き、いちごと帆立を重ね盛り、フレンチドレッシングをかけてマリネする。器に盛り、刻んだブラックオリーブを散らし、セルフィーユを飾る。

いちごの生春巻き

材料 (4人分)

いちご	8個
わかめ（戻し）	80g
レタス	4枚
ライスペーパー	4枚
春雨	20g
パセリ	少々
チリソース	適量

Column
いちごとビタミンC
いちごにはビタミンCが豊富に含まれていますが、水溶性で熱に壊れやすいのが弱点。効率よく吸収するには、洗ってからヘタを取り、そのまま食べることです。

作り方

1. いちごは薄切りにする。
2. レタスはせん切り、春雨は戻しておく。
3. ライスペーパーを湿らせて広げ、レタス、わかめ、春雨、いちごを並べて、きれいに巻き込み、形を整える。…(a)
4. 食べやすい大きさに切り、パセリを添える。お好みでチリソースをつけていただく。

彩りとおいしさアップ！
いちご料理

Part 4

彩りの美しい組み合わせ。
いちごが主役の生春巻きです。

いちごとわかめの酢の物

合わせ酢の塩けがいちごの甘さを引き立てます。
セロリとの組み合わせが、味のポイントです。

彩りとおいしさアップ！
いちご料理 Part 4

材料 （4人分）

いちご	1/2パック
わかめ（戻し）	100g
セロリ	1/2本

A
- 酢　　　　大さじ2
- 水、砂糖　各大さじ1
- レモン汁　小さじ2
- 塩　　　　少々

作り方

1. いちごは食べやすい大きさに切る。わかめも食べやすい大きさに切り、セロリはせん切りにして水に放つ。
2. Aを合わせ、合わせ酢を作る。
3. いちご、わかめ、水けをきったセロリをカクテル風に盛って、②をかける。

Column

いちごのおもな生産地

米の生産調整などの影響もあり、各地の農業関係者はいちご栽培に積極的に取り組みました。特に力を注いだのが福岡県や栃木県です。福岡県では「とよのか」が長い間主力品種でしたが、平成12年に「あまおう」が開発されました。全国1位の栃木県に次ぐ生産量第2位のいちご主産県です。ちなみに第3位は熊本県、第4位は長崎県、第5位は静岡県です。（平成16年度農林水産省資料より）

いちごのクリーミーセサミソース

白和えの和え衣をおしゃれにアレンジ。
クリーミーなセサミソースは、いちごと好相性です。

彩りとおいしさアップ！
いちご料理

Part 4

材料 (4人分)

木綿豆腐	1/8丁
練りごま	大さじ1/2
A　砂糖	大さじ1/2
みりん	小さじ1/2
うす口醤油	小さじ1/2
塩	少々
生クリーム	1/4カップ
いちご	1/2パック
きゅうり	1/2本
レモン汁、塩	各適量
イタリアンパセリ	適量

作り方

1. 豆腐は茹でて、布巾に包んで水けを絞る。豆腐に練りごまを混ぜ合わせ、Aを加え混ぜ裏ごしする。生クリームを加えてセサミソースを作る。
2. いちごは食べやすく切り、レモン汁をふりかけておく。きゅうりは角切りにして、塩もみしておく。
3. ②を器に盛り、①のソースを絞り袋で絞り出し、イタリアンパセリを添える。

Column

**小野小町も
いちごが好きだった！**

美人の要素として欠かせない美肌に効果的な栄養素がいちごにはたくさん含まれています。世界三大美女の一人、平安時代の女流歌人小野小町も好物だったと言い伝えられています。

ベリーたちのクールスープ

デザート感覚のクールスープ。
ポリフェノールたっぷりでお肌も喜ぶ、ビューティースープです。

彩りとおいしさアップ！
いちご料理 Part 4

材料（4人分）

いちご	150 g
片栗粉	小さじ1
クランベリー（ドライ）	50 g
水	1・1/2カップ
白ワイン	大さじ2
砂糖	50 g
ブルーベリー	100 g
レモン汁	大さじ1/2
キルシュ	小さじ1
氷、ミント	各適量

Column
ベリーとは
やわらかく小さな実をつける植物の総称としてベリーということばが使われています。よく食べられているのはいちごをはじめブルーベリー、ラズベリー、カシスなどです。

作り方

1. いちごの半分は1.5cm角に切る。半分は裏ごししてピューレ状にする。
2. ①のピューレ状のいちごから大さじ1をとり、片栗粉を混ぜておく。
3. 鍋に分量の水と、クランベリーを加えて火にかけ、やわらかくなるまで10分程度煮る。…(a)
4. ③に白ワインと砂糖を加え、ブルーベリー、①のいちごのピューレを順に加え、煮立ったらアクを除く。②を加え、ひと煮立ちしたら、角切りのいちごを加え混ぜる。
5. 火からおろし、レモン汁を加える。粗熱が取れたらキルシュを加え香りをつけて、さらに冷やす。
6. 氷とミントを浮かべる。

白身魚のカルパッチョ いちごドレッシング

材料（4人分）

白身魚（刺身用）	200 g
塩	少々
いちごドレッシング	
いちご	100 g
レモン汁	大さじ1
オリーブ油	大さじ4
塩、こしょう	各少々
ベビーリーフ、エンダイブ	各適量
いちご	2粒
イタリアンパセリ	適量

作り方

1　白身魚は薄く塩をして、しばらくおく。水分をふきとり、薄く切る。
2　いちごドレッシングを作る。いちごはレモン汁をふりかけて、しばらくおき、裏ごししてピューレ状にして、オリーブ油、塩、こしょうを加え、味を調える。
3　器に白身魚とベビーリーフ、エンダイブを盛り、いちごドレッシングをかけ、薄く切ったいちご、イタリアンパセリを添える。

いちごドレッシングの活用法
生野菜、豆腐、生の魚介類などに。素材の味が引き立ちます。作りおきをせずに、作りたてのフレッシュなドレッシングをいただきましょう。

彩りとおいしさアップ！
いちご料理
Part 4

いちごの爽やかな酸味を生かしたおいしく、香り高いドレッシング。
白身魚や生野菜にかけるとお料理全体に華やかさを添えてくれます。

鴨のソテー いちごバルサミコソース

フルーツと相性の良い鴨。
いちごとバルサミコの濃厚で酸味のきいたソースをかけると、
至福のメインディッシュに。

彩りとおいしさアップ！
いちご料理

材料（4人分）

鴨肉	1枚
塩、粗挽き黒こしょう	各少々
バター	大さじ2
赤ワイン	大さじ2
いちごバルサミコソース	
いちご	100 g
バルサミコ酢	大さじ3
はちみつ	大さじ1強
ズッキーニ、赤パプリカ	各適量
塩、こしょう	各少々
いちご、マッシュポテト、イタリアンパセリ	各適量

作り方

1 鴨肉は塩、黒こしょうをふり、バターで両面を色よく焼く。赤ワインをふりかけふたをして、ふっくらと焼く。このとき焼きすぎないように気をつける。しばらくそのままおき、落ち着いてから食べやすい厚さに切る。
2 いちごは洗ってヘタをとり、水けをきって縦に4等分に切り、バルサミコ酢、はちみつを加え、火にかけて酸味を飛ばしマイルドなソースに煮詰める。…(a)
3 食べやすく切ったズッキーニ、赤パプリカを炒め塩、こしょうで味を調える。
4 器に①を盛り、③、薄く切ったいちご、マッシュポテト、イタリアンパセリを添え、②のソースをかける。

a

春野菜の豆腐パテ
いちごゼリーソース添え

豆腐と彩りの良い春野菜が入ったヘルシーなパテ。
やさしいピンク色のいちごゼリーソースがポイントです。

彩りとおいしさアップ！
いちご料理

材料 （パウンド型1台分）

春野菜の豆腐パテ
- 絹ごし豆腐　　　200g
- アスパラガス　　6本
- 赤パプリカ　　　1個
- にんじん　　　　1/2本
- 帆立貝柱　　　　150g
- 白身魚のすり身　300g
- 卵白　　　　　　2個分
- 塩、こしょう　　各少々

いちごゼリーソース
- 粉ゼラチン　　　5g
- 水　　　　　　　大さじ2
- A ┌ 水　　　　　1/2カップ
　　└ 砂糖　　　　大さじ3
- いちご　　　　　100g
- レモン汁　　　　大さじ1/2
- 水　　　　　　　1カップ
- ミント　　　　　少々

作り方

＜春野菜の豆腐パテ＞

1 絹ごし豆腐はしっかりと水けをきり、裏ごししてなめらかにする。アスパラガス、パプリカ、にんじんは型の長さに合わせ棒状に切り、さっと茹でておく。

2 フードプロセッサーに帆立貝柱、白身魚のすり身を入れて混ぜ、①の豆腐を加える。卵白を少しずつ加え、さらに混ぜて塩、こしょうで味を調える。

3 型にオーブン用シートを敷き、②の生地を1/2量入れる。①のアスパラガス、にんじん、パプリカを交互に並べ、残りの生地を流し入れ、オーブン用シートでふたをして、200℃に熱したオーブンで約30分間湯せん焼きにする。

4 焼き上がった③のパテの粗熱を取り、そのまま冷蔵庫で冷やす。

＜いちごゼリーソース＞

5 ゼラチンは分量の水にふり入れふやかす。Aを合わせ電子レンジにかけて温め、ふやかしたゼラチンを加えて溶かす。

6 いちごはつぶして裏ごししレモン汁と水、⑤を加える。

7 バットに流し、粗熱が取れたら、冷蔵庫で冷やし固める。固まったらフォークでかきとる。…(a)

8 春野菜の豆腐パテに⑦のゼリーソースを添え、ミントを飾る。

いちごのポテトドームサラダ

おなじみのポテトサラダもいちごをあしらって、
見た目も可愛らしく演出。子どもも喜ぶサラダです。

彩りとおいしさアップ！
いちご料理

材料（4人分）

じゃがいも	大3個
フレンチドレッシング	大さじ3
玉ねぎ	1/2個
セロリ	1/2本
きゅうり	1本
パセリのみじん切り	少々
塩、こしょう、ガーリックパウダー	各少々
マヨネーズ	1/2カップ
いちご	1/2パック
ゆで卵の黄身	1個分
エンダイブ	適量

作り方

1. じゃがいもは皮をむき1cmの角切りにし、水から茹でる。茹で上がったら水分をきり、熱いうちにフレンチドレッシングをふりかけて下味を付け、冷ます。
2. 玉ねぎはみじん切りにしてもみ洗いし絞っておく。セロリはさいの目切りにしてサッと水に放し水けをきる。きゅうりは板ずりしてさいの目に切る。
3. ①、②、パセリを合わせ、塩、こしょう、ガーリックパウダーを加え、マヨネーズで和える。
4. いちごはトッピング用に2粒残して、あとは半月切りにして、ドーム型にはり付ける。…(a)
5. ④にポテトサラダを詰め、型からはずし皿に盛り、ゆで卵の黄身の裏ごしを散らし、トッピング用に残したいちごを半分に切って飾り、エンダイブを添える。

いちごと大根の
カッテージチーズサラダ

カッテージチーズといちごは好相性。
薄くスライスした大根で包みました。

彩りとおいしさアップ！
いちご料理

材料（4人分）

大根	200 g
いちご	1/2パック
カッテージチーズ	1/4カップ
塩、こしょう	各少々
オリーブ油	大さじ3
レモン汁	1/2個分
レモン、セルフィーユ	各適量

作り方

1 大根は皮をむき、薄く輪切りにして、1枚ずつ並べて薄く塩（分量外）をし、しんなりさせる。
2 いちごは縦に4～6等分に切る。
3 しんなりした大根の水けをふいて、いちご、カッテージチーズをはさみ、包んで器に並べる。塩、こしょう、オリーブ油、レモン汁をかける。レモン、セルフィーユを添える。

Column

「あまおう」のネーミング

品種改良のために行われた品種の組み合わせは100種類以上で、さまざまな試行錯誤の上に生まれたのが「あまおう」。「あかい、まるい、おおきい、うまい」の頭文字から命名。また、いちごの王様になるようにとの願いもこめられています。

いちごの小さなお寿司

いちごをのせた可愛いひと口サイズのお寿司。
不思議な組み合わせだけど、いちごとごはんって意外と合うのです。

彩りとおいしさアップ！
いちご料理

材料（4人分）

サワーライス
　ご飯　　　　　　　　　400ｇ
　A ┌ 塩　　　　　　　　小さじ1
　　├ 砂糖　　　　　　　大さじ1
　　└ ワインビネガー　　大さじ2
　パセリみじん切り　　　大さじ1/2
いちご　　　　　　　　　5粒
きゅうり　　　　　　　　1本
セルフィーユ　　　　　　適量

Column
いちごの楽しみ方
旬のいちごの楽しみ方は国によってさまざま。イギリスでは生クリームと合わせて食べ、フランスではゼリーにしたりシャンパンに入れて楽しむことが多いようです。アメリカではケーキやパイにして味わいます。

作り方

1 温かいご飯にAの合わせ酢をふりかけ、サワーライスを作る。
2 冷ましてからパセリのみじん切りを加え混ぜる。
3 いちごは縦に4等分に切る。きゅうりはピーラーで薄くむき、塩水（水1カップに対して塩小さじ1）につけて、しんなりさせる。
4 サワーライスをひと口大の俵型ににぎり、水けをきった③のきゅうりを巻き、いちごをのせる。セルフィーユを飾る。

彩りとおいしさアップ！
いちご料理
Part 4

ストロベリーチーズサンド

スイートなクリームチーズといちごをはさんだ
デザート感覚のサンドイッチ。

材料（4人分）

スプレッド
- クリームチーズ　100ｇ
- 砂糖　大さじ1
- レモン汁　大さじ1/2

薄切り食パン　6枚
いちご　1/2パック

作り方

1. やわらかくしたクリームチーズに砂糖、レモン汁を加えてよく混ぜ合わせ、スプレッドを用意する。
2. パンに①のスプレッドを塗る。
3. 縦に薄く切ったいちごをはさむ。
4. ひと口大に切って盛り、いちごを添える。

著者紹介

徳永 睦子(とくなが むつこ)

食育をライフワークとする福岡在住の料理研究家。家庭料理の味の伝承・食育の大切さを伝え続けて30年。基本を大切に美味しくおしゃれで健康に良い料理をTVや月刊誌などで提案し続けている。JAをはじめ、地域企業とともに、講演や料理教室を通じ、地域の食育活動に積極的に取り組んでいる。地産地消、地域特産品の普及にも力をそそぎ、21世紀を支える食文化への提言などを行っている。

同時に日本の伝統食品・文化である"お茶（緑茶）"に早くから着目し、世界緑茶協会の顧問を務め、緑茶を使った料理メニュー提案などの活動を続けている。

〈編集協力〉
本書の編集・制作にあたり、JA全農ふくれん（全国農業協同組合連合会　福岡県本部）のいちご部会より、いちごについての資料提供及び貴重なアドバイスをいただきました。
JA全農ふくれんいちご部会は、福岡県下のJAでいちごの共同販売を行っている約2,000名の生産農家の集まりで、いちごの品質向上、安定供給、消費拡大のための多彩な活動を行っています。平成14年より、福岡県で育成された品種「あまおう」を栽培しており、「博多あまおう」のブランド名で販売しています。　　*「あまおう」（登録品種名：福岡S6号）はJA全農の登録商標です。

JA全農ふくれんいちご部会
http://www.as2.zis-ja.com/fukuren/top.asp
http://www.hakata-genki.com/

編集協力	JA全農ふくれんいちご部会
装丁・デザイン	阿部　観沙
撮影	中野　正景
スタイリスト	松崎　良美
調理協力	海老名　博美、倉光　由美、藤波　佳代

いちご大好き！幸せレシピ

2007年4月20日　第1刷発行

著　者　徳永　睦子
発行者　三浦　信夫
発行所　株式会社　素朴社
　　　　〒150-0002　東京都渋谷区渋谷1-20-24
　　　　電話：03(3407)9688　FAX：03(3409)1286
　　　　振替　00150-2-52889
　　　　ホームページ　http://www.sobokusha.jp

印刷・製本　モリモト印刷株式会社

©2007 Mutsuko Tokunaga, Printed in Japan
乱丁・落丁本は、お手数ですが小社宛にお送りください。
送料小社負担にてお取替え致します。
ISBN978-4-903773-02-5 C2377 価格はカバーに表示してあります。

「食べもの」から日本と世界が見えます。
親子で楽しく学べて食育に役立つと大好評！

地図絵本 日本の食べもの

都道府県別に、どんな野菜、くだもの、魚介類がとれるか、イラストで表示した画期的な食べものMAPです。

- 都道府県別の人口、面積、耕地面積、農業産出額と漁獲高の全国順位、おもな農産物と水産物の全国順位を紹介。
- 全国比で生産高、漁獲高が高い食べものを調べ、その都道府県内で最も多くとれる地点にイラストで表示。
- 全国比で生産・漁獲高が上位の食べものの特徴を説明しています。

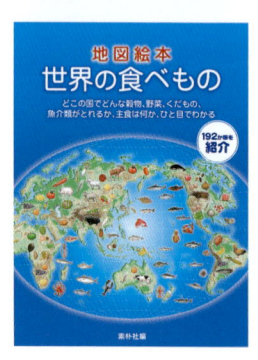

地図絵本 世界の食べもの

それぞれの国でどんな穀物、野菜、くだもの、魚介類がとれ、主食は何か、ひと目でわかります。

- 各国の人口、面積、耕地面積、主食、おもな農産物を紹介。また、日本にどんな食材を輸出しているかもわかります。
- その国や地域でとれる食べものの特徴を説明しています。
- それぞれの国で比較的多く生産されている農産物や魚介類を紹介。

吉岡　顕／絵　　素朴社編　A4判変型、48ページ、オールカラー　定価：各2,100円（税込）

レシピ絵本

どんぐりの食べ方 森の恵みのごちそう

広葉樹の木の実は立派な食材です。あく抜きして粉にしたり、粗挽きにすると、さまざまな料理に使え、クッキーなども作れます。いっぱい拾って、どんぐり料理を楽しんでみましょう。

井上貴文／著　むかいながまさ／絵　　B5判変型、32ページ、オールカラー　定価：1,365円（税込）